शिक्षक

मिथिलेश कुमार सिंह

Copyright © Mithilesh Kumar Singh
All Rights Reserved.

This book has been self-published with all reasonable efforts taken to make the material error-free by the author. No part of this book shall be used, reproduced in any manner whatsoever without written permission from the author, except in the case of brief quotations embodied in critical articles and reviews.

The Author of this book is solely responsible and liable for its content including but not limited to the views, representations, descriptions, statements, information, opinions and references ["Content"]. The Content of this book shall not constitute or be construed or deemed to reflect the opinion or expression of the Publisher or Editor. Neither the Publisher nor Editor endorse or approve the Content of this book or guarantee the reliability, accuracy or completeness of the Content published herein and do not make any representations or warranties of any kind, express or implied, including but not limited to the implied warranties of merchantability, fitness for a particular purpose. The Publisher and Editor shall not be liable whatsoever for any errors, omissions, whether such errors or omissions result from negligence, accident, or any other cause or claims for loss or damages of any kind, including without limitation, indirect or consequential loss or damage arising out of use, inability to use, or about the reliability, accuracy or sufficiency of the information contained in this book.

Made with ♥ on the Notion Press Platform
www.notionpress.com

क्रम-सूची

भूमिका vii

मिथिलेश कुमार सिंह का परिचय ix

1. मालती देवी 1
2. अंजनी कुमार चतुर्वेदी "श्रीकांत" 3
3. ईश्वर साहू 5
4. रेखा कापसे *कुमुद* 7
5. पिंकी अरविंद प्रजापति 8
6. गीता उपाध्याय 9
7. शुभा देवी 10
8. डॉ. छाया शर्मा 11
9. ओम प्रकाश श्रीवास्तव 13
10. बिन्दु सिकन्द 14
11. इंदु 16
12. डॉ वैंडी जैस 17
13. अमिता मराठे 19
14. रंजना बिनानी "काव्या" 20
15. रवेन्द्र पाल सिंह 'रसिक' 22
16. डा. रमा रानी 24
17. मालती देवी 26
18. तुलेश्वर कुमार सेन 28
19. निशा अतुल्य 30
20. डॉ. राम शरण सेठ 31

• v •

क्रम-सूची

21. चंद्रकिरण अग्रवाल 'किरन'	32
22. डॉ आनंदी सिंह रावत	34
23. अपराजिता शर्मा	36
24. रेनू सिंह	38
25. सुषमा श्रीवास्तव	40

भूमिका

शिक्षक ने समाज को हमेशा ही सुधार कर एक नई दिशा दी है। शिक्षक ही हमारे अंदर समाज कल्याण की भावना जागृत करते है। एक साधारण मनुष्य को एक महान योद्धा बनाने से लेकर एक साधारण व्यक्ति को ज्ञानवान, आदर्श बनाने में शिक्षक का ही अहम योगदान है। वास्तव मे शिक्षा देना सबसे बड़ा धर्म का काम है क्योंकि शिक्षा के कारण ही कोई समाज विकसित और सम्पन्न हो सकता है। मनुष्य को शिक्षक बनकर सभी को ज्ञान बाटना चाहिए, जिससे समाज का कल्याण हो।

शिक्षक समाज को एक नयी दिशा देता है। वह चाहे तो हमारे समाज में फैली कई प्रकार की कुरीतियों,बुराइयों को मिटा सकता है।

मिथिलेश कुमार सिंह का परिचय

नाम - मिथिलेश कुमार सिंह
पिता का नाम - दयाशंकर सिंह
जन्मतिथि - अप्रैल, 1982
शैक्षिक योग्यता - एम. ए., बी.एड.
कार्यरत पद - सहायक अध्यापक,
प्राथमिक विद्यालय बसनी बड़ागाँव वाराणसी
स्थाई पता - ग्राम व पोस्ट यूसुफपुर (खड़बा)
जिला - गाजीपुर
पिनकोड - 233310
स्थानीय पता - भरलाई, शिवपुर वाराणसी
पिनकोड - 221003
मोबाइल नंबर - 9452709614

1
मालती देवी

शिक्षक देता सबको ज्ञान
फिर भी सहता है अपमान
शिक्षक से ही बना है अपना
भारत देश महान सभी तो
कहते हैं, जमाना कहता है।
क, ख, ग, घ, पकड के अंगुली
शिक्षक ही तो सिखाता है,
बच्चों के जीवन का अंधेरा
शिक्षक ही तो मिटाता है।
शिक्षक से ही बना है अपना
भारत देश महान सभी तो
कहते हैं, जमाना कहता है।
भेद भाव सब भूल के शिक्षक
ज्ञान के दीप जलाता है,
दिल बच्चों का कोरा कागज
उस पर ज्ञान अमिट लिखवाता है।
शिक्षक से ही बना है अपना
भारत देश महान सभी तो
कहते हैं जमाना कहता है।

कबाड़ से है जुगाड़ लगाते
गतिविधि से है पाठ पढ़ाते,
कभी डांट कर, कभी प्यार से,
कभी रोककर, कभी टोककर,
उज्जवल भविष्य बनाते हैं।
शिक्षक से ही बना है अपना
भारत देश महान सभी तो
कहते हैं, जमाना कहता है।
शिक्षक देता सबको ज्ञान
फिर भी सहता है अपमान
शिक्षक से ही बना है अपना
भारत देश महान सभी तो
कहते हैं, जमाना कहता है।
मालती देवी

2
अंजनी कुमार चतुर्वेदी "श्रीकांत"

उज्जवल ज्ञानपुंज हैं शिक्षक,
सबको राह दिखाते।
सारे जग को जीवन जीना,
गुरुवर सदा सिखाते।
नीरस मन रसधार बहाकर,
सरस भाव भरते हैं।
बालक की मर्मान्तक पीड़ा,
शिक्षक ही हरते हैं।
दीप ज्योति से जलकर शिक्षक,
तम को दूर भगाते।
सुप्त भाव अंतस में जितने,
गुरु ही उन्हें जगाते।
शिक्षक उर्जित रहें सूर्य से,
जग में करें उजाला।
काला अक्षर भैंस बराबर,
मिटे दाग यह काला।
भीष्म प्रतिज्ञा कर लें शिक्षक,

काटें सभी बलायें।
दशा- दिशा चाहे जैसी हो,
शिक्षा ज्योति जलायें।
अंजनी कुमार चतुर्वेदी "श्रीकांत"
निवाड़ी

3
ईश्वर साहू

करें हर पल उनका सम्मान,
जो देते हैं हमें ज्ञान।
जिनके अंदर है ज्ञान और विज्ञान,
उनका बढ़ाएँ सदा ही मान।
जिनकी शान से है हमारी शान,
सपने में भी ना करें उनका अपमान।
गुमनामी के अंधेरे में भटक रहे थे,
आपकी कृपा से मिली हमको पहचान।
सब पर करते हो कृपा ,
दया के सागर, हे कृपा निधान।
मैं अंकिचन, मैं अज्ञानी,
किस मुँह से करूँ मैं आपका बखान।
उन सभी को करें नमन,
शिक्षा का जो नित करते हैं दान ।
भेद नहीं करते जो,
उनकी नजरो में सब हैं समान।
हर युग में बढी है आपकी शान,
यही है सबसे बडा प्रमाण।
सच और झूठ में भेद बताया,

हे शिक्षक, आप हो महान।
पहले गुरु, अब शिक्षक कहलाते,
जिनकी कृपा से सब ज्ञानी हो जाते।
जिनके कंधों पर राष्ट्र निर्माण का है भार,
जो करे सदा शिष्यों पर उपकार।
जिनके कृपा से कमाया जग में नाम,
हे शिक्षक, तुम्हें शत शत प्रणाम।
ईश्वर साहू

4

रेखा कापसे *कुमुद*

शिक्षक अपने ज्ञान से, हरे तमस का जाल।
ज्ञानी पुंज मशाल से, जग जीवन खुशहाल।।
जग जीवन खुशहाल, छात्र प्रज्ञा धन पाते।
अवगुण करते दूर, गुणों की अलख जगाते।।
कहे कुमुद यह बात, शिष्य के भावी रक्षक।
सकल विश्व की डोर, थाम रखते हैं शिक्षक।।
शिक्षक के काँधे सदा, रहे देश का भार।
बच्चे बूढ़े अरु युवा, शिक्षित जग उजियार।।
शिक्षित जग उजियार, राष्ट्र विकसित नभ पाता।
प्रखर बुद्धि हो श्रेष्ठ, पंथ मानव मन भाता।।
कथन कुमुद अति श्रेष्ठ, तमस के होते भक्षक।
भौतिक नैतिक मूल्य, सदा समझाते शिक्षक।।
पहली महिला शिक्षिका, त्याग मूर्ति गुणवान।
सावित्री बाई फुले, जग में बनी महान।।
जग में बनी महान, प्रथम विद्यालय खोला।
नारी का उत्थान, हृदय प्रण कर्मठ डोला।।
सहे अनेकों कष्ट, यातना सारी सह ली।
सकल एशिया द्वीप, शिक्षिका वह थी पहली।।
रेखा कापसे *कुमुद*

5
पिंकी अरविंद प्रजापति

कभी हमें वे डाँटते,
कभी जताते प्यार हैं।
हमें तराशेंगे वे ही,
गुरू गुणों की खान हैं।
हमें सिखाते ज्ञान हैं,
शिक्षक बड़े महान हैं।
मिटे अँधेरा बालकों,
शिक्षक का सम्मान करो।
गुरू सिखाते बुद्धिमता,
दिशा दिखाना काम है।
शिक्षक बड़े महान हैं।।
शिक्षक की मेहनत है जिससे,
सफल पुरुष तुम आज हो।
लक्ष्य सदा मन में रखो,
गुरू कराते ध्यान हैं।
शिक्षक बड़े महान हैं।
पिंकी अरविंद प्रजापति

6
गीता उपाध्याय

सफलता का श्रेय खुद नहीं लेते
गर्व की एक मुस्कान देते हैं।
देवताओं से पहले उनका नाम लेते हैं।
पारखी नजरों से भीतर छिपी
प्रतिभा को जान लेते हैं।
जगा के दृढ़ इच्छाशक्ति
बुलंदियों की शान देते हैं।
डॉक्टर, वैज्ञानिक, इंजीनियर,
अधिकारी एक नई पहचान देते हैं।
बिखरे हुए तीरों को कमान देते हैं।
हर परिस्थिति से लड़ने का ज्ञान देते हैं।
शिक्षक ही हैं जो विद्यार्थियों को
खुद से भी ऊँची उड़ान देते हैं।
गीता उपाध्याय

7
शुभा देवी

शिक्षक की भूमिका बड़ी है अहम,
सभी बच्चों के वह दूर करता भरम।
प्यार से, डाँट से, कभी पुचकार के,
वह प्रतिदिन सिखाता नये ही करम।।
बाँटता ज्ञान की वह अखिल ज्योत है,
ज्योत से प्रस्फुटित अनुपम आलोक है।
खिलता जीवन है अद्भुत इस आलोक से,
थाम ले डोर हाथों से पुरजोर से।।
माँ की भूमिका है इस जग में बड़ी,
प्रथम गुरु की भूमिका में वह है खड़ी।
बिन बोले ही शिशु को समझ जाती है,
बस यही बात उनकी मन को छू जाती है।।
संस्कारों के बीज वह है रोपता,
पद गुरु का जग में गोविन्द से बड़ा।
त्याग, संयम सिखाता सदा ही गुरु,
गुरु की महिमा बखाने स्वयं भी गुरु।।
शुभा देवी

8

डॉ. छाया शर्मा

मैं हूँ शिक्षक, संस्कृति रक्षक
कर्म पथ पर चलता हूँ।
नन्हें नौनिहालों को नित मैं
नये - नये पाठ पढ़ाता हूँ॥
बालकों को नित व्यायाम करा
निरोगी काया रखाता हूँ।
सद्चरित्र गाथाओं को सुना
नैतिकता का पाठ सिखाता हूँ॥
भारत भविष्य बनाता हूँ
ईमानदारी पर चलाता हूँ।
जीवन संघर्षो से लड़ना
कुंदनवत निखारता हूँ॥
जीवन में बीज अनुशासन का
सफलता का राज बताता हूँ।
कुरीतियों को दूर करने की
घर घर अलख जगाता हूँ॥
व्यापार, चिकित्सा हो या कला
समय का महत्त्व बताता हूँ।
अज्ञान तमस का नाश करूँ

गोविन्द की राह दिखाता हूँ ll
भारतीय संस्कृति है अनमोल
भारत की महिमा गाता हूँ l
देश की खातिर मर मिटना
देश भक्ति का रंग बिखराता हूँ ll
डॉ. छाया शर्मा

9
ओम प्रकाश श्रीवास्तव

शिक्षक बनता कौन है, समझो इसका सार।
त्यागे दुर्गुण जो सकल, करता सत व्यवहार।।
श्रम करता है बाल पर, रखे सभी का ध्यान।
रुचिकर करके पाठ को, बाँटे समुचित ज्ञान।।
लोभी होता मान का, करता सुंदर काज।
आगे बढ़ता शिष्य जब, करता खुद पर नाज।।
जाति पाँति अरु धर्म तज, करे शिष्य को प्यार।
द्वेष दर्प करता नहीं, रखे सौम्य व्यवहार।।
जिद्दी होता है बहुत, शिक्षण करे विधान।
रखता केवल लक्ष्य इक, पाए बालक ज्ञान।।
शिक्षक केवल पद नहीं, शिक्षक एक विचार।
सपना देखे नित्य वह, सुंदर हो संसार।।
शिक्षक पद है ओम का, इच्छा जग कल्याण।
सेवा करता ज्ञान की, बसते इसमें प्राण।।
ओम प्रकाश श्रीवास्तव

10
बिन्दु सिकन्द

शिक्षक शिष्य का नाता है प्यारा।
विद्यालय है मंदिर हमारा।
विद्यार्जन शिष्य की पूजा,
शिक्षक देव समान हमारा।
शिक्षकों ने शिक्षा को समझाया।
शिक्षा सुख आधार बताया।
शिक्षा के आदर्शों पर चलकर,
शिक्षा का उद्देश्य समझाया।
शिक्षकों ने शिक्षा देकर,
हमारे मन को किया पवित्र।
आचार और विचार सिखा,
बनाया हमारा उत्तम चरित्र।
दृढ़ता से पढ़ना सिखाया।
दक्षता से आगे बढ़ना सिखाया।
सत्यता का मार्ग दिखाकर,
हमें संसार में ज्ञानवान बनाया।
शिक्षकों ने शिष्यों को बनाया।
जीवन का अनमोल पाठ पढ़ाया।
गुरुजनों आपके श्री चरणों में,

हमने अपना मस्तक झुकाया।
बिन्दु सिकन्द

11
इंदु

गर्दिश से तरना सिखलाता,
काँटों में हँसना सिखलाता।।
अंधेरे में ज्योत बने जो
तम से है लड़ना सिखलाता।
कोई और नहीं दूजा वह
शिक्षक है जो कुछ सिखलाता।।
नत मस्तक मैं उसके आगे,
स्वाभिमान जो है सिखलाता।।
हो मुश्किल कैसा भी रास्ता
हर हालत बढ़ना सिखलाता।।
माँ के बाद है दूजा दर्जा
शिक्षक बन माँ सम सिखलाता।।
अपनेपन का हाथ बढ़ा कर
सूरज सा बनना सिखलाता।।
बेचैनी सब दूर भगा कर
मुश्किल में धीरज सिखलाता।।
इंदु

12
डॉ वैंडी जैस

गुरु के बिना ज्ञान कहाँ से पाते।
गुरु पथ पर चलना हमें सिखाते।
गुरु ही ज्ञान और गुरु ही चारों धाम।
गुरु का उपकार चुका नहीं सकते।
गुरु मन की पीड़ा हर लेते।
जीवन हमारा सरस बना देते।
भटकते इन मानव तन को
गुरु अपने चरणों संग जोड़ देते।
गुरु जब हमें शिक्षा दीक्षा देते,
परिणाम सारे पावन हो जाते।
धन, शक्ति, साधन का क्या मान
गुरु के बिन न कर कोई अभिमान।
गुरु सही ग़लत का भेद बताते।
हमको पग पग पर सचेत करते।
मानव जीवन के रंग हैं अनेक।
रंगों से गुरु हमारी पहचान कराते।
दुनिया के मेले में हम गुम हो जाते।
गुरु हमारी हम से ही पहचान कराते।
हर हार के बाद जीत निश्चित होती

यह बात गुरु ही हमें सदा समझाते।
डॉ वैंडी जैस

13
अमिता मराठे

माटी के पुतले को
माँ ने प्यार से सजाया।
शिक्षक ने रंगों को चुना
छात्र को स्नेह दिया।
जो है, जैसा है रिश्ता
शिक्षक को सम्हालना।
परम कर्तव्य समझ
क़दम उठाए नई पीढ़ी
को तैयार करना।
भारत माँ के लाल
सशक्त, ज्ञानी, विचारक।
कर्मठ, निर्भीक पुतले
करेंगे कमाल।
अमिता मराठे

14
रंजना बिनानी "काव्या"

शिक्षक वह जो,
ज्ञान का धन है देता,
ये ऐसा धन है,
जो चुराया नहीं जा सकता।
यह धन जितना बांटो,
उतना ही है बढ़ता।
शिक्षक ही करता है,
शिक्षा का मार्ग प्रशस्त,
शिक्षक बिना शब्द ज्ञान नहीं,
शिक्षक ही है पथ प्रदर्शक।
शिक्षक राष्ट्र निर्माता है,
शिक्षक होता है युग प्रवर्तक,
शिक्षक ही सर्वोपरि है,
शिक्षक ही है शिरोमणि।
शिक्षा से ही होता है,
व्यक्ति का उत्थान,
शिक्षा से ही बनती है,

व्यक्ति की पहचान,
शिक्षक के कुशल,
मार्गदर्शन से ही,
शिक्षा का होता है विकास।
शिक्षक ही ज्ञान दीपक है,
शिक्षक ही प्रकाश,
शिक्षक ज्ञान की खान है,
शिक्षक है सद मार्गदर्शक।
शिक्षक सत्य मार्ग दिखलाता,
अंतस उजियारा करता,
शिक्षक की कृपा से ही,
सद ज्ञान का बोध है होता।
शिक्षक पूजनीय है,
शिक्षक है वंदनीय,
शिक्षक शब्द परिपूर्ण है,
शिक्षक है आदरणीय।
रंजना बिनानी "काव्या"

15
रवेन्द्र पाल सिंह 'रसिक'

शिक्षक साँचे शिशुन के,
ज्यों के त्यों दें ढ़ाल।
सिखावें शील सुभाव सब,
सदाचार शुभ चाल।।
गीली माँटी सरिस शिशु,
शिक्षक चतुर कुम्हार।
रचें खिलौना यथा रुचि,
निज इच्छा अनुसार।।
शिक्षक साँचे सहृदय वर,
होइ धरम अनुकूल।
जैसी होवेंगी कली,
वैसे होंगे फूल।।
शिशु सब व्यंजन के सरिस,
शिक्षक मीठौ नौन।
जैसौ होय संजोग अब,
स्वाद होय तस तौन।।
शिक्षक संदीपन सरिस,

शिशु सब बाल-गोपाल।
पढ़ि लिखि पावें धरम कूँ,
हो जग हित तत्काल।।
रवेन्द्र पाल सिंह 'रसिक'

16
डा. रमा रानी

शिक्षक! तुमसे क्या कहूँ
तुम हो गुण की खान
अज्ञानी को ज्ञान दे,
देते उसको मान।
नाना वेश धरे तूने,
फिर बाँटा है ज्ञान
धरती पर नहीं दूसरा,
तुमसा सिद्ध महान।
तुमसे तम है भागता,
फैले ज्ञान प्रकाश
बाल मनों में बह जाती,
तुमसे गंग की धार।
शिक्षक, दुनिया से अलग,
जीवन जीए आप
दूजों का कल्याण करे,
खुद का जीवन ताप।
कर्म तुम्हारा है अप्रतिम,
शिष्य रखते याद
जीवन पर्यंत न भूलते,

जो सीखें बस इक बार।
नाता शिक्षक शिष्य का,
है बड़ा अनमोल
कोई न चुकता कर सके,
कभी भी इसका मोल।
नमन तुम्हें, शिक्षक सदा,
तुम हो सदा महान
शिष्य झुक - झुक करता है,
लाख बार प्रणाम,
लाख बार प्रणाम।।
डा. रमा रानी

17
मालती देवी

पहली शिक्षिका बनी भारत की,
सावित्रीबाई फुले थी।
जन्म हुआ 3 जनवरी,
साल 1831 ईसवी था।
महाराष्ट्र में जन्म हुआ,
जिला सातारा प्यारा था।
पिता रहे खनदोजी नेवसे,
माता लक्ष्मी बाई थी।
9 वर्ष में शादी करके,
ज्योतिबा फुले संग आई थी।
रही सावित्रीबाई अनपढ़,
ज्ञान बटोरा खाई से।
पति सहयोग मिला सावित्री को
पूरी की पढ़ाई।
देश की पहली शिक्षिका बनकर,
मान बढ़ाया नारी का।
नारियों का उद्धार हो,
अठारह विद्यालय खुलवाए।
साल 1848 के महाराष्ट्र के पुणे में

पहला बालिका स्कूल खोल कर,
बनी प्रधानाध्यापिका माई।
महिलाओं का पढ़ना - लिखना,
समाज में बड़ा मुश्किल था।
सावित्री माँ ने जगाया,
जाग उठी सब नारियाँ।
पत्थर, गोबर, कीचड़ झेली,
राह दिखाई नारी को।
कम उम्र में शादी होना,
दु:खी हुई ये माई।
प्रबंधन गृह की स्थापना की,
28 जनवरी 1853,
लड़कियों की जान बचाकर,
नाम कमाया माई ने।
25 दिसंबर 1873,
पहला विधवा पुनर्विवाह कराया।
पति संग मिलकर 24 सितंबर
1873 सत्यशोधक समाज की स्थापना की।
10 मार्च 1897 को,
स्वर्ग सिधारी माई ने
महिलाओं को जिंदा कर के,
इतिहास बनाया माई ने।
मालती देवी

18
तुलेश्वर कुमार सेन

आज दे रहे हैं विदाई आपको।
हम सब इस शाला परिवार से।।
बहुत कुछ सिखाया है आपने।
अपने कर्तव्य और अधिकार से।।
आप भूल न जाना हम सभी को।
अपने निज जीवन की डगर में।।
खुश रहें, स्वस्थ रहें, मस्त रहें।
चाहे रहें कहीं भी गाँव, नगर में।।
सरकार की नौकरी जिम्मेदारी से।
आज भले ही आप मुक्त हो रहे हैं।।
परंतु बड़ी जिम्मेदारी मिलने वाली है।
नौकरी के लिए जो सब कुछ सहा है।।
एक बेटा, पति, पिता, दादा, ससुर बन।
आप उस परिवार में वापस जाएँगे।।
जिनको हर पल रहता था इंतजार।
सभी लोग मिलकर खुशियां मनाएँगे।।
अपनी सारी जिम्मेदारी को निभाया है।
अपनों की खुशियों को दाँव पर लगाया है।।
धैर्य, सहनशीलता, आत्मविश्वास के साथ।

उन सभी को लौटाने का अवसर आया है।।
कुछ हुआ होगा हम सभी के बीच कभी।
उनको मन में, दिल में न रखना जी आप।।
आज दे रहे हैं विदाई पूरे मन से हम सब ।
आप सभी के बीच मन को रखकर साफ।।
माता रानी से बस करते हैं यह प्रार्थना।
दीर्घायु हों, सुखी हों, मंगलमय हो जीवन।
नाती - नातिन और बचपन के यार मिले।
बाग, बगीचों सा खिले आपका उपवन।।
तुलेश्वर कुमार सेन

19
निशा अतुल्य

शिक्षक देते ज्ञान हैं, बनता है जो सार।
जीवन होता है सफल, करो सदा आभार।।
जीवन साधे गुरु सदा, बनकर के आधार।
लक्ष्य साधना पूर्ण हो, स्वप्न सभी साकार।।
गुरु पद वंदन मैं करूँ, देना गुरुवर ज्ञान।
जीवन आगे ही बढ़े, विश्व करे सम्मान।।
निशा अतुल्य

20
डॉ. राम शरण सेठ

शिक्षक सिखाता, शिक्षक पढ़ाता
शिक्षक वर्तमान को समझाता।
भविष्य के लिए तैयार करता
हर किसी को सद्मार्ग दिखाता।
हम सभी के लिए एक स्वस्थ
समाज का निर्माण करता।
वर्तमान को देखकर भविष्य
के लिए एक आधार बनाता।
अपने शिष्य को निरंतर उन्नति और
समृद्धि के मार्ग पर आगे बढ़ाता।
डॉ. राम शरण सेठ

21
चंद्रकिरण अग्रवाल 'किरन'

शिक्षक होते राष्ट्र निर्माता,
करते हम हार्दिक सम्मान।
शिक्षित करना है सर्वोत्तम,
शिक्षक बनाते देश महान।।
अच्छे - बुरे का फर्क बता,
जीने की कला सिखाते हैं।
पारखी नज़रें उनकी पैनी,
प्रतिभा को बाहर लाते हैं।।
मात-पिता से बढ़कर शिक्षक,
शुभचिंतक बन जाते हैं।
सुदृढ़ व्यक्तित्व बनाने हेतु,
कभी कठोर बन जाते हैं।
शिक्षक होते राष्ट्र निर्माता...
भारत में प्राचीन काल से,
गुरु – शिष्य परम्परा रही।
गोविंद से गुरु अधिक पूज्य हैं,
कबिरा ने ये बात कही।।

अपना सारा ज्ञान लुटाकर,
दायित्व भरपूर निभाते हैं।
गुरु की आज्ञा जो शिष्य मानें,
सफ़ल वही हो पाते हैं।।
शिक्षक होते राष्ट्रनिर्माता...
मार्गदर्शन शिक्षक से लेकर,
उज्ज्वल भविष्य बना पाते।
उच्च पदों पर देख शिष्य को,
शिक्षक गदगद हो जाते।।
शिक्षक दिवस को मात्र नहीं,
सर्वत्र नित्य सम्मान मिले।
हार्दिक कामना यही हमारी,
शिक्षक को सर्वोच्च मान मिले।।
शिक्षक होते राष्ट्र निर्माता...
करते हम हार्दिक सम्मान।
शिक्षित करना है सर्वोत्तम,
शिक्षक बनाते देश महान।।
शिक्षक होते राष्ट्र निर्माता...
चंद्रकिरण अग्रवाल 'किरन'

22
डॉ आनंदी सिंह रावत

प्रथम देव गणेश जी, और दूसरा गुरू
उनके ही कृपा से होती पढाई शुरू।
मिले ना गर, गुरू का सहारा,
समझिये जीवन में रहे सदा अंधेरा।
परिस्थिति कैसी भी रही हो,
शिक्षक ने सर्वदा तटस्थ मन से,
उसका डट कर मुकाबला किया है।
नियम, और नीतियों को छोडकर,
अपेक्षा से अधिक पूर्ण प्रतिसाद दिया है।
बिना किसी दर्शक के स्तूती के शिक्षक ने,
यथासंभव कोशिश लगातार किया है।
बहुतायत का बोझ ढोया है,
वैध रूप से निर्धारित,
गणना से कही अधिक संख्या,
से ज्यादा विद्यार्थियो के बीच
स्वयम शक्ति को संजोया है।
बच्चों के हूजूम को संभाल पाना...
हर किसी को नही सुहाता,
पर शिक्षक को देखिये,

बाल - भीड़ में भी वो सहज ही
संवाद करता नजर आता है।
डॉ आनंदी सिंह रावत

23
अपराजिता शर्मा

इन्सान की प्रथम गुरु माँ को नमन,
गीली मिट्टी समान थे हम।
हर तरह से नादान थे हम,
माँ ने अंगुली पकड कर,
चलना सिखाया मिट्टी को
घड़े का आकार बनाया।
पैरों पर अपने हमको
खड़ा कर दिया,
बढे उम्र की दहलीज पर,
पिता ने भेजा स्कूल
अक्षर ज्ञान कराया।
स्कूल में गुरु ने संसार से,
हमारा परिचय कराया,
भले बुरे का अहसास कराया,
अथाह सागर संसार में,
हमारे अस्तित्व की पहचान को,
हमसे ही मिलवाया,
शिक्षा के तेज से
हमको आभा मंडित कर दिया,

ज्ञान के वेग से हमको,
पुष्प से उपवन में
परिवर्तित कर दिया।
दोष निकाल कर हमारे
सुदृढ शिष्टाचारी
व्यक्तित्व हमारा बनाया।
जीवन के अगले चरण में,
जिसने भी साथ निभाया।
वे सब मेरे गुरु कहलाये,
चाहे हो वो सच्चे दोस्त,
या हो वे परिवार में,
परस्पर रिश्तों की डोर,
पर आँख आज भी भर आती है
जब बचपन के स्कूल की याद आती है,
सभी गुरुओं का करती हूँ,
वन्दन - अभिनंदन,
सभी को मेरा शत - शत नमन।
अपराजिता शर्मा

24

रेनू सिंह

हम परिषदीय क़े शिक्षक है,
भावी पीढ़ी निर्माता हैं।
बुनियाद हमी से गढ़ती है,
इस बात का हम को भान रहे।
नन्हे हाथों में कलम थमा,
आगे बढ़ना सिखलाते है।
संसाधन तो सीमित है,
देने की चाह असीमित है।
बाधाएं पथ में बहुत अधिक,
कुछ करने की है चाह बहुत
इन नन्हे-मुन्ने बच्चों की,
पतवार हमें अब बनना है।
निज बाधाओं से टकराकर,
बच्चों का भविष्य सजाना है।
है मन में ये संकल्प लिया,
विद्यालय के हर बच्चे में
शिक्षा की अलख जगाना है।
नित नवाचार और गतिविधि से,
इनको खूब पढ़ाना है।

नैतिकता की शिक्षा देकर क़े,
संस्कारवान बनाना है।
रेनू सिंह (ए. आर. पी)
फतेहपुर

25
सुषमा श्रीवास्तव

आओ बच्चों तुम्हें बताएँ ,
क्या क्या करते रहते शिक्षक।
जिनके लिए एक दिन ही तो,
शिक्षक-दिवस मनाते शिष्यजन।
वे तो आजीवन हम सबको,
सुमार्ग दिखाते रहते शिक्षक।
गिरते जब हम, उठाते शिक्षक,
जीवन की राह दिखाते शिक्षक।
अंधेरे ग्रहों पर बनकर दीपक,
जीवन रोशन करते शिक्षक।
कभी नन्हीं आँखों में नमी जो होती,
अच्छे दोस्त, हमें हँसाते शिक्षक।
झटकती दुनिया हाथ कभी जब,
झटपट हाथ बढ़ाते शिक्षक।
जीवन डगर, जीवन समर है,
जीवन - संघर्ष सिखाते शिक्षक।
देकर अपने ज्ञान की पूँजी,
योग्य इंसान बनाते शिक्षक।
इस धरा और जग की ख़ातिर,

एक मुकम्मल समाज बनाते शिक्षक।
नहीं कहीं हो अशान्ति, शान्ति हो सर्वत्र,
यही संदेश फैलाते शिक्षक।
शिक्षक धुरी हम सबकी है,
उनको शीश नवाते हम सब।
शिक्षा का फल देकर सबको,
ज्ञान दानी बन जाते शिक्षक।
समाज के निर्माता हैं शिक्षक,
समाज के स्वच्छक शिक्षक,
सुयोग्यता के ध्याता शिक्षक,
शिक्षार्थी के पतवार शिक्षक।
जो ज्ञानदीप की ज्योति से
मन आलोकित करता है।
विद्या धन देकर जीवन को,
जो सुख - गुण से भर देता है,
कोटि - कोटि प्रणाम गुरु को,
जो जीवन - उपवन को ज्ञान
सुरभि से सुवासित करता है।
सुषमा श्रीवास्तव

> अगर आप भी अपनी बुक पब्लिश कराना चाहते हैं तो 9554423693 पर बुक लिखकर व्हाट्सप्प करें।

इंजीनियर लक्ष्मी तिवारी

www.ingramcontent.com/pod-product-compliance
Lightning Source LLC
La Vergne TN
LVHW041716060526
838201LV00043B/757
9798889860181